三字经

童心 编著

化学工业出版社

·北京·

图书在版编目(CIP)数据

三字经/童心编著.—北京：化学工业出版社，
2018.10（2024.6重印）
（国学经典超有趣）
ISBN 978-7-122-32900-4

Ⅰ.①三… Ⅱ.①童… Ⅲ.①古汉语-启蒙读物
Ⅳ.①H194.1

中国版本图书馆CIP数据核字(2018)第196000号

责任编辑：陈　曦　　　　　　　　装帧设计：尹琳琳
责任校对：边　涛

出版发行：化学工业出版社（北京市东城区青年湖南街13号 邮政编码100011）
印　　装：涿州市般润文化传播有限公司
710mm×1000mm　1/16　印张10¼　2024年6月北京第1版第8次印刷

购书咨询：010-64518888　　　　售后服务：010-64518899
网　　址：http://www.cip.com.cn
凡购买本书，如有缺损质量问题，本社销售中心负责调换。

定　价：39.80元　　　　　　　　　　　　　　版权所有　违者必究

三字经

人之初，性本善。
性相近，习相远。
苟不教，性乃迁。
教之道，贵以专。
昔孟母，择邻处；
子不学，断机杼。
窦燕山，有义方；
教五子，名俱扬。
养不教，父之过；
教不严，师之惰。
子不学，非所宜；
幼不学，老何为。
玉不琢，不成器；
人不学，不知义。
为人子，方少时；
亲师友，习礼仪。

香九龄，能温席，
孝于亲，所当执。
融四岁，能让梨，
弟于长，宜先知。
首孝悌，次见闻，
知某数，识某文。
一而十，十而百，
百而千，千而万。
三才者，天地人，
三光者，日月星。
三纲者，君臣义，
父子亲，夫妇顺。
曰春夏，曰秋冬，
此四时，运不穷。
曰南北，曰西东，
此四方，应乎中。

曰水火，木金土，
此五行，本乎数。
曰仁义，礼智信，
此五常，不容紊。
稻粱菽，麦黍稷，
此六谷，人所食。
马牛羊，鸡犬豕，
此六畜，人所饲。
曰喜怒，曰哀惧，
爱恶欲，七情具。
匏土革，木石金，
丝与竹，乃八音。
高曾祖，父而身，
身而子，子而孙。
自子孙，至玄曾，
乃九族，人之伦。

父子恩，夫妇从，
兄则友，弟则恭。
长幼序，友与朋，
君则敬，臣则忠。
此十义，人所同，
当顺叙，勿违背。
凡训蒙，须讲究，
详训诂，明句读。
为学者，必有初，
小学终，至四书。
论语者，二十篇，
群弟子，记善言。
孟子者，七篇止，
讲道德，说仁义。
作中庸，子思笔，
中不偏，庸不易。

作大学，乃曾子，
自修齐，至平治。
孝经通，四书熟，
如六经，始可读。
诗书易，礼春秋，
号六经，当讲求。
有连山，有归藏，
有周易，三易详。
有典谟，有训诰，
有誓命，书之奥。
我周公，作周礼，
著六官，存治体。
大小戴，注礼记，
述圣言，礼乐备。
曰国风，曰雅颂，
号四诗，当讽咏。

诗既亡，春秋作，
寓褒贬，别善恶。
三传者，有公羊，
有左氏，有谷梁。
经既明，方读子，
撮其要，记其事。
五子者，有荀扬，
文中子，及老庄。
经子通，读诸史，
考世系，知终始。
自羲农，至黄帝，
号三皇，居上世。
唐有虞，号二帝，
相揖逊，称盛世。
夏有禹，商有汤，
周文武，称三王。

夏传子，家天下，
四百载，迁夏社。
汤伐夏，国号商，
六百载，至纣亡。
周武王，始诛纣，
八百载，最长久。
周辙东，王纲坠，
逞干戈，尚游说。
始春秋，终战国，
五霸强，七雄出。
嬴秦氏，始兼并；
传二世，楚汉争。
高祖兴，汉业建，
至孝平，王莽篡。
光武兴，为东汉，
四百年，终于献。

魏蜀吴，争汉鼎，
号三国，迄两晋。
宋齐继，梁陈承，
为南朝，都金陵。
北元魏，分东西，
宇文周，与高齐。
迨至隋，一土宇，
不再传，失统绪。
唐高祖，起义师，
除隋乱，创国基。
二十传，三百载，
梁灭之，国乃改。
梁唐晋，及汉周，
称五代，皆有由。
炎宋兴，受周禅，
十八传，南北混。

辽与金，皆称帝。
元灭金，绝宋世。
莅中国，兼戎狄，
九十载，国祚废。
太祖兴，国大明，
号洪武，都金陵。
迨成祖，迁燕京，
十六世，至崇祯。
权阉肆，寇如林，
李闯出，神器焚。
清世祖，膺景命，
靖四方，克大定。
古今史，全在兹，
载治乱，知兴衰。
读史者，考实录，
通古今，若亲目。

口而诵，心而惟，
朝于斯，夕于斯。
昔仲尼，师项橐，
古圣贤，尚勤学。
赵中令，读鲁论，
彼既仕，学且勤。
披蒲编，削竹简，
彼无书，且知勉。
头悬梁，锥刺股，
彼不教，自勤苦。
如囊萤，如映雪，
家虽贫，学不辍。
如负薪，如挂角，
身虽劳，犹苦卓。
苏老泉，二十七，
始发愤，读书籍。

彼既老，犹悔迟，
尔小生，宜早思。
若梁灏，八十二，
对大廷，魁多士。
彼既成，众称异，
尔小生，宜立志。
莹八岁，能咏诗；
泌七岁，能赋棋。
彼颖悟，人称奇，
尔幼学，当效之。
蔡文姬，能辨琴；
谢道韫，能咏吟。
彼女子，且聪明；
尔男子，当自警。
唐刘晏，方七岁，
举神童，作正字。

彼虽幼，身已仕，
尔幼学，勉而致。
有为者，亦若是。
犬守夜，鸡司晨，
苟不学，曷为人？
蚕吐丝，蜂酿蜜，
人不学，不如物。
幼而学，壮而行，
上致君，下泽民。
扬名声，显父母，
光于前，裕于后。
人遗子，金满籝，
我教子，唯一经。
勤有功，戏无益，
戒之哉，宜勉力。

目录

王羲之吃墨 …………… 1	赵孝争死 …………… 44
孟母教子 …………… 3	苏武牧羊 …………… 47
五子登科 …………… 5	小儿知孝 …………… 50
陶母教儿 …………… 7	朱熹罚字 …………… 52
神童变庸人 ………… 9	一诺千金 …………… 54
卞和献玉 …………… 11	玄奘以德服人 ……… 59
割席分坐 …………… 13	鹿乳奉亲 …………… 62
黄庭坚刷便桶 ……… 15	屈原洞中读书 ……… 64
孔融让梨 …………… 17	壁藏《尚书》 ……… 66
韩建认字 …………… 18	周公辅成王 ………… 68
仓颉造字 …………… 20	礼尚往来 …………… 70
楚庄绝缨 …………… 23	诗礼传家 …………… 72
黄历的来历 ………… 25	一字褒贬 …………… 74
管鲍之交 …………… 27	退避三舍 …………… 76
伏羲驯六兽 ………… 31	刘羽冲死读书 ……… 78
范进中举 …………… 33	老子的预言 ………… 80
俞伯牙和钟子期 …… 37	崔杼弑君 …………… 82
愚公移山 …………… 42	黄帝大战蚩尤 ……… 84

尧禅让帝位……………………87
大禹治水………………………89
少康中兴………………………91
商汤灭夏………………………94
烽火戏诸侯……………………96
一鸣惊人………………………98
鸿门宴…………………………100
王莽篡权………………………102
昆阳大战………………………104
三顾茅庐………………………106
花木兰替父从军………………108
孝文帝迁都……………………110
魏征直言敢谏…………………112
李后主亡国……………………114
杯酒释兵权……………………116
金兵被困黄天荡………………118
一代天骄成吉思汗……………120
乞丐皇帝朱元璋………………122
李闯王渡黄河…………………124
努尔哈赤建立后金……………126
帝王的恐惧……………………128
司马光的"警枕"………………130
孔子拜师………………………132
赵普读《论语》………………134
路温舒的"蒲草书"……………136

孙敬头悬梁和苏秦锥刺股…137
车胤囊萤，孙康映雪………139
朱买臣负薪和李密挂书……141
大器晚成的苏洵……………143
梁灏考状元…………………145
祖莹背《尚书》和李泌赋诗
论棋道………………………147
蔡文姬听琴辨音……………149
谢道韫吟雪…………………150
刘晏正字……………………151
闻鸡起舞……………………152
范仲淹划粥…………………153
留子勤劳不留财……………154

[原文] 人之初，性本善。性相近，习相远。
　　　　苟不教，性乃迁。教之道，贵以专。

[译文] 每个人刚生下来的时候，本性都是善良的，性情也非常相似，后来因为生活和学习环境的不同，性情便有了好与坏的差别。如果一个人不从小接受良好的教育，那么善良的本性就会随着环境而有所改变。至于教育方法，最重要的就是要培养孩子专心致志地读书。

王羲之吃墨

　　王羲之是东晋人，出身于名门望族，从小就在著名书法家卫夫人的指导下练习书法。他练字十分刻苦认真，从不偷懒。

据说，王羲之练字用坏的毛笔堆成了一座小山，人们叫它"笔山"。

他用来洗毛笔和砚台的水池被染成了黑色，人们叫它"墨池"。

王羲之长大后，字写得很漂亮了，可他还是每天坚持练字。

　　这天，王羲之在书房练字，丫环送来了他最爱吃的蒜泥和馍馍。

老爷，我把吃的放在一旁，您记得吃哦……老爷？老爷！！

丫环离去后，王羲之又练了一会儿，突然觉得肚子饿，随手拿起一个馍馍，在墨汁里蘸(zhàn)了蘸就大口大口吃起来。

这时，夫人和丫环走进书房，一看王羲之满嘴乌黑，手里正拿着一个"黑馍馍"边吃边练字，忍不住哈哈大笑起来。

夫人，你来啦，怎么了，你们这是笑啥子咧？

哈哈，我让你蘸蒜泥吃，谁让你蘸墨汁吃咧。

哎哟呵，我这是……我错把墨汁当成蒜泥蘸啦。看来，我肚子里又多了不少学问呢！

你的字已经写得很好了，为什么还要拼命地练习啊？

我的字是写得不错，可那都是模仿别人的，我要开创自己的写法，不下苦功夫怎么成？

王羲之专心致志地练习，最终练成了自成一家的新字体，成了著名书法家。他的书法像彩云一样自由，像飞龙一样雄健，他也被后人尊称为"书圣"。

[原文] 昔孟母，择邻处；子不学，断机杼（zhù）。

[译文] 从前，孟子的母亲为了让孟子有个好的学习环境，根据邻居来选择居住地，为此搬了三次家。有一次孟子逃学，孟母将织机上织了一半的布剪断以此教导孟子，学习不能半途而废。

孟母教子

孟子（名轲）是战国时期著名的教育家、思想家。

我取得的伟大成就，与母亲对我的严格教育密不可分啊！

孟轲很小的时候父亲就去世了，孟母为了节省房租，带着他搬到了墓地旁的一个草屋里居住。

他从小好学，见经常有人来埋死人，竟学着人家哭丧，没事就哭。

孟母发现后……

她果断把家搬到了市集上。

不行，我每天忙着纺线，没时间照看小孟轲。在这种环境下我儿子就毁了。不能为了省钱继续住下去了！

新家隔壁是个肉铺,成天杀猪喊价。很快,小孟轲跟着肉铺伙计学会了剁肉和喊价。

这次,孟母把家搬到了学校附近。很快,小孟轲学会了打躬、作揖和背诗。

小孟轲刚上学时总逃课。一天,孟母一气之下把织机上织了一半的布剪断了,并告诫他,学习和织布是一个道理:织布要一根根地织,一寸寸地积累,才能织成一匹布;学习也要日积月累地苦读才能有所成就。中途停止学习,就像把布剪断一样半途而废,这样怎么能成功呢?

小孟轲听了恍然大悟,从此发奋读书,后来终于成了一位大学问家。

[原文] 窦燕山，有义方；教五子，名俱扬。

[译文] 五代时，燕山人窦禹钧教育孩子很有办法，他的五个儿子后来都很有成就。

五子登科

天刚亮,窦燕山来到街上,想做点善事。

这天,窦燕山来到一家旅店里。

此后,窦燕山乐善好施,大家终于改变了对他的看法。慢慢地,他的善名越传越远,人称"大善人"。

一个晚上,窦燕山又梦见去世的父亲。

后来,窦燕山的五个儿子德才皆备,全都金榜题名,人称"窦氏五龙"。

[原文] 养不教，父之过；
教不严，师之惰。

[译文] 生养孩子却不好好教育他们，那是父母的过错；教育孩子而没有严格要求，那是老师的懈怠（xiè dài）和失职。

陶母教儿

晋代著名大将军陶侃（kǎn）的母亲非常贤良淑德，她与孟母、欧母、岳母号称中国古代"四大贤母"。

陶侃很小的时候父亲就去世了，全家靠母亲纺线为生。陶母省吃俭用供小陶侃读书。可儿子调皮捣蛋，读书很不用心。

妈妈，我先出去玩一会儿再回来学习！

儿啊，日子一天天飞快地过去，就和这织布梭子飞快转动一样。如果你不珍惜光阴，努力读书，将来会一事无成，到那时后悔都来不及了！

那好吧，儿以后好好读书，不偷懒了！

这一年冬天，大雪盖地，家里断粮多日。恰巧，父亲的老友范逵（kuí）领着许多仆人来借宿。

打扰你啦嫂子，我们执行公务路过，来这里避避雪。

老弟快进屋，侃儿，给客人们倒水，我这就去准备饭菜。

陶母找来一把剪刀,"咔嚓"一下剪下自己的头发,编成假发,去邻居家换米、油、酒、菜。换回吃的后,陶母把旧门板拆下来当柴烧,又把垫在床下的席子切碎喂客人的马。

太感动了,这样的母亲生出的儿子怎么会差呢!

陶侃长大后,读书万卷,精通兵法,在范逵的推荐下在县里当了一个管理河道与渔业的小官。

一天,一个差役来到家里。

这是老爷用船家上交的鱼腌制的,送给老夫人品尝。

陶侃谨记母亲的教诲,为官四十年,最终成为了历史上著名的贤臣。

作为管理人员,怎么能拿公家的东西送给我呢?这虽然让我得到了好处,却会让他犯错,让我担忧。我马上写封信,你帮我带给他。

啊,还以为娘会夸赞我呢,没想到她生气了,真是惭愧,以后再不做这种事了,免得娘担忧。

[原文] 子不学,非所宜;幼不学,老何为。

[译文] 一个人如果不肯读书,是非常不应该的。年纪小的时候不努力学习,等到年纪大了,能有什么作为呢?

神童变庸人

北宋时,有个小孩叫方仲永。他出生在一个贫寒的家庭,家里祖祖辈辈都是农民,没一个读书人。

父亲愣了愣,立刻从邻居家借回笔和纸,小仲永拿起笔便在纸上写了四句诗。

附近的几个读书人知道了这件事,纷纷跑过来,他们看完诗,一致夸赞小仲永写得好,还有人说小仲永是个百年一遇的神童。

小仲永的家里逐渐热闹起来,小院子里每天挤满了人。不管谁出题考他,不论什么题目,都难不倒他,他总能出口成诗,而且内容深刻雅致,常常令人叫绝。

从这以后，小仲永再没时间学习了，每天跟着父亲到处拜访大人物，等他十三岁时……

[原文] 玉不琢，不成器；人不学，不知义。

[译文] 一块玉石，如果不经过雕琢、打磨，就不能成为精美的器具；一个人如果不学习，就不会明白做人处世的道理。

卞和献玉

春秋时期，楚国有个采石人叫卞和，这个人在识别矿石方面极有眼力。

有一天，卞和在荆山上采石，忽然看见一只凤凰落在一块青石上。

凤凰不落无宝之地。这青石肯定是块宝贝，我要把它献给楚厉王。

第二天，卞和带着青石来到王宫。

哈哈，我头一次见到用这种方法邀功的。

是不是宝贝，请大王让玉石匠们鉴定一下。

大王，以专业的角度来说，感觉上理论上实际上这就是一块普通石头。

你竟敢用石头来糊弄寡人！来人啊，把他的左脚砍掉，让他吃点苦头！

[原文] 为人子，方少时；亲师友，习礼仪。

[译文] 做儿女的，从小就要亲近品行高尚的老师和朋友，学习待人处世的礼仪和学问。

过了几天,管宁和华歆坐在一张席子上读书。这时,外面传来锣鼓声和人们的欢呼声。

[原文] 香九龄，能温席，孝于亲，所当执。

[译文] 黄香是东汉时候的孝子，他九岁的时候就知道在冬天先用自己的身体把被子焐热，再请父亲入睡。孝顺父母，是每一个子女应当尽的本分。

黄庭坚刷便桶

北宋著名诗人、书法家黄庭坚是个出了名的孝子，只要是伺候父母的事，不论大小，他都会认真努力地做好，从来不推辞、不抱怨。

黄庭坚当官时公务非常繁忙，可他每次一进家门，就会来到母亲身边，亲自伺候她的饮食起居。

母亲一天比一天老，行动越来越不方便。

做好咯，晚上拿给母亲，这下夜里上厕所就方便多了。

这天晚上，黄庭坚提着便桶来到母亲房间。

你拿着一个木桶做什么用？

娘，这是给您做的便桶。以后晚上您就在屋里方便，第二天早上我再来倒掉。

你不用为我操心，我有手有脚的。

外面天太冷，有了这个我放心，娘生我养我，我为娘做这个又算得了什么。

每天早上,黄庭坚都会提着便桶到小河旁刷干净。很快,这件事就传开了,人们议论纷纷。

[原文] 融四岁，能让梨，弟于长，宜先知。

[译文] 孔融四岁的时候，就知道把最大的梨让给哥哥吃，自己吃最小的。这种尊敬兄长、友爱兄弟的美德，应当及早教育培养。

[原文] 首孝悌,次见闻,知某数,识某文。

[译文] 一个人首先要学的是孝敬父母、友爱兄弟,其次才是增长见闻,并学习算术和文学等知识。

韩建认字

唐朝末年,有一个叫韩建的人。他出生在一个穷苦的农民家庭,从小过着吃不饱、穿不暖的生活,更没有机会学习文化知识。

韩建长大后,身强体壮,作战勇猛,因此在地方上当了一名武官。

因为自己不识字,所有公文只能让手下念给他听。这样非常不方便,而且机密的文件也很容易泄露。

此事只得你知我知,不能……

我还年轻,从现在起应该读书认字,不能再当文盲了!

很快,韩建制定了学习表,可事务繁忙,他很少有时间学习。

[原文] 一而十，十而百，百而千，千而万。

[译文] 一到十是基本的数字，然后十个十是一百，十个一百是一千，十个一千是一万……无穷无尽地变化下去。

仓颉造字

相传，仓颉（jié）在黄帝时期负责管理牲口的数量和食物的多少。可随着牲口和食物越来越多，他光凭脑袋怎么也记不住了。

仓颉先用各种不同颜色的绳子表示不同的牲口，并在绳子上打结表示牲口数量的增加和减少，可时间一长也不够用了。

他又整日整夜地想办法。后来，他用各式各样的贝壳来表示牲口和每种食物的多少，而贝壳不管取下还是挂上，都很方便。

增加时打个结很容易，可减少时解开结太麻烦了。

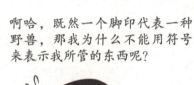

[原文] 三才者，天地人，三光者，日月星。
三纲者，君臣义，父子亲，夫妇顺。

[译文] 世间有"三才"，是天、地、人；宇宙有三光，是太阳、月亮、星星。而人与人之间最重要的三种伦常关系，是君臣之间有道义、父子之间有亲情、夫妻之间要相互尊重、和睦相处。

楚庄绝缨

一天晚上，楚庄王在宫中隆重地招待百官，席间，他还让爱妃许姬为各位大臣倒酒、献艺。

就在宴会进行得异常热闹时，忽然刮来一阵风，把蜡烛都吹灭了，整个大厅一片漆黑。

哪来的风啊？

许姬很恼怒，可是又不敢大声叫出来，于是顺手扯掉了那人帽子上的带子。

谁摸我的手？

大王，刚才有人调戏我，我扯断了他帽子上的带子。找到他要重罚！

[原文] 曰春夏，曰秋冬，此四时，运不穷。
　　　曰南北，曰西东，此四方，应乎中。

[译文] 说到一年之中的春、夏、秋、冬，这四个季节循环运转，永不停止。东、南、西、北是地理的四个主要方位，这四个方位以中央为准，相互对应。

黄历的来历

黄帝成为部落联盟的首领后，非常重视农业生产。

这天，黄帝把羲和、常仪叫到身边。

常仪恰恰相反,他每天黄昏出发,整个晚上盯着星星、月亮仔细看,还不时借着月光记录情况,第二天太阳升起才回家。

经过一段时间的努力,羲和、常仪带着研究结果来见黄帝。

不错哟,继续说。

黄帝仔细阅读羲和、常仪记录的笔记,又常常和他们沟通交流,最终根据太阳和月亮的变化创造出了年、月、日的计时方法,也称为历法。历法大大方便了农业种植,保证了庄稼的种植和收获时间。

太阳有时升起得较早,反而落得晚;有时升得晚,反而落得早。而阳光有时炽烈,有时温和。

月亮和星星的变化也非常奇妙。星星令人捉摸不透,而月亮有时是整的,有时是半个;在天空中有时比较高,有时比较低。

因为这套历法是从黄帝时期开始的,所以被称为"黄历"。中国的历法是世界上最早的历法之一,既科学又实用,经过后人不断的补充完善,一直沿用到今天。

[原文] 曰水火，木金土，此五行，本乎数。
　　　曰仁义，礼智信，此五常，不容紊。

[译文] 金、木、水、火、土，称为五行，贯通于世间万物。仁、义、礼、智、信被称为五常，是维持人与人之间关系的标准，每个人都应遵守，不可怠慢疏忽。

管鲍之交

从前，齐国有一对好朋友，一个叫管仲，一个叫鲍叔牙。

咱哥俩凑点钱做生意吧，我出九点五，你出零点五，行不？

你真是哥的亲兄弟，我当然无条件同意啊。

投资喽～～

分红后～～

主人，这个管仲本钱出得比您少，分钱的时候却拿得比您还多！

不可以这么说！管仲家里穷，又要奉养母亲，多拿一点儿没有关系的。

管仲和鲍叔牙参军后,每次打仗都在一起。

后来,鲍叔牙成了公子小白的老师,管仲成了公子纠的老师。这年,公子诸当上了国王。

小白就是历史上有名的齐桓公。齐桓公一当上君主，立刻以攻打鲁国为由，威胁鲁庄公。

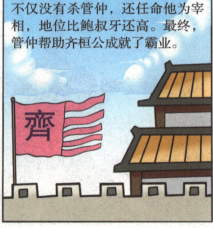

[原文] 稻粱菽，麦黍稷，此六谷，人所食。
　　　　马牛羊，鸡犬豕，此六畜，人所饲。

[译文] 稻米、高粱、豆子、麦子、玉米和谷子，这些是人类主要的粮食。马、牛、羊、鸡、狗、猪，这六种动物是人类饲养的主要家禽、家畜。

伏羲驯六兽

五千多年以前，伏羲氏做部落首领的时候，人们都是以打猎为生。

每到下雨天，人们就无法出去打猎，只得忍饥挨饿。

妈我饿！哇哇哇！
可怜的娃！
孩子们太饿了，就算下暴雨我们也要去打猎。

部落里的几个人不忍心看着孩子们挨饿，就结伴去打猎，结果被暴雨冲下了山崖。

惨！

伏羲氏看着这种情况,心里又难过又着急。

我想想……

终于有一天,伏羲想到一个好办法,他立刻召集部落居民开会。

想到了!

此后,人们每次去打猎都尽量多打些,活捉的母兽和幼兽就饲养起来。

天好时我们要多狩猎,吃不完的就把它们饲养起来,这样下雨天就不怕饿着了。

后来,经过慢慢筛选,马、牛、羊、鸡、狗、猪被固定饲养起来,而且数量越来越多。

后来,人们逐渐发现这些动物不仅可以吃,还有许多其他的用途,比如,马可以拉车,牛能耕田,鸡能报晓,狗能看家。于是,这六种动物变成了人类的好朋友,也是人类的重要食物。

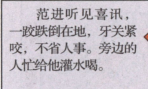

[原文] 匏土革，木石金，丝与竹，乃八音。

[译文] 匏瓜、黏土、皮革、木块、石头、金属、丝线和竹子，是我国古代制造乐器的八种材料，它们发出的声音被称为"八音"。

俞伯牙和钟子期

春秋时期，有一位著名的音乐家，名字叫俞伯牙。俞伯牙从小聪明伶俐，酷爱音乐，后来跟着一位叫成连的老师学习弹琴。

在成连老师的精心指导下，俞伯牙的琴技越来越好，没过几年，就到了出神入化的境地，凡是听过他弹琴的人，无不伸出大拇指称赞。

就算是想烘托高雅音乐的宏大气氛也不用一张纸就画两个格子吧！现在纸价可不便宜。

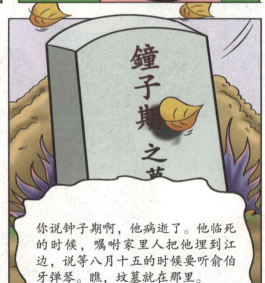

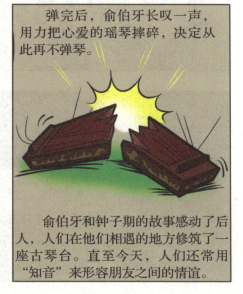

[原文] 高曾祖，父而身，身而子，子而孙。
自子孙，至玄曾，乃九族，人之伦。

[译文] 高祖父生曾祖父，曾祖父生祖父，祖父生父亲，父亲生我，我生儿子，儿子生孙子，孙子生曾孙，曾孙生玄孙，从高祖到玄孙，这就是古人所说的九族，也是家族中长幼尊卑的基本伦常关系。

愚公移山

从前，有一位叫愚公的老人，他家对面有两座山，一座叫太行山，一座叫王屋山。这两座山方圆六七百里，高上万米，给人们的出行带来很大不便。

大家商量了很久，最后决定采纳小儿子的建议，把石头和泥土运到海里去。

有一个老头叫智叟,为人处世很精明,他觉得愚公一家人十分可笑。

[原文] 父子恩，夫妇从，兄则友，弟则恭。
[译文] 父亲与儿子彼此之间要慈爱和孝顺，夫妻之间要和睦相处；哥哥对弟弟要友爱，弟弟对哥哥则要尊敬。

赵孝争死

汉朝的时候，有个叫赵孝的人，他有一个弟弟叫赵礼，兄弟俩相处得十分和睦。

这天，乌云密布，一伙强盗横冲直撞地来到街上，四处砸门抢物，街上传来一阵阵哭喊声。

突然，赵家大门被人一脚踹开，只见几个强盗闯了进来。

今年收成不好，大家都很饿，哥儿几个来你家借点钱买窝头。

赵家很穷，几个强盗四处乱翻，结果什么也没找到。

弟弟，咱们快跑。

[原文] 长幼序，友与朋，君则敬，臣则忠。
此十义，人所同，当顺叙，勿违背。

[译文] 年长的和年幼的交往要注意长幼尊卑的次序，朋友相处应该互相讲信用，君主要尊重臣子，臣子也要对君主忠心。前面提到的十义：父慈、子孝、夫和、妇顺、兄友、弟恭、朋信、友义、君敬、臣忠，是人人都应遵守的，千万不能违背。

苏武牧羊

[原文] 凡训蒙，须讲究，详训诂，明句读。

[译文] 凡是对小孩子进行启蒙教育，一定要讲究教学方法。不仅要讲清楚每个字的含义，还要让他们明白每句话的断句和道理。

小儿知孝

南北朝时期有一位著名的学者叫王僧孺。他从小就勤奋好学，六岁时便能写诗作词。

有一天，小僧孺到街上玩耍。

小僧孺一下子愣住了，回答不上来。

这天,父亲的一个朋友来家里做客,小僧虔热情招待客人。

客人走后,父亲问小僧虔:"这些待客的礼节,你是从哪里学来的呢?"

[原文] 为学者，必有初，
　　　小学终，至四书。

[译文] 每一个想要学习的孩子都必须要有一个好的开始，才能奠定稳固的基础。先学习宋朝朱熹所著的《小学》，再学习《论语》《孟子》《大学》和《中庸》这四本书。

朱熹罚字

宋朝著名学者朱熹（xī），小时候住在福建省尤溪县一个叫"半亩方塘"的地方，那里桃红柳绿，景色宜人。

因为心里着急，朱熹把桃花的"桃"写成了"挑"。

[原文]论语者，二十篇，群弟子，记善言。
孟子者，七篇止，讲道德，说仁义。

[译文]《论语》一共有二十篇，是孔子的弟子和再传弟子记录孔子及其弟子言行的书，内容包括为人、处世与为政行仁的言论。《孟子》这本书共有七篇，主要讲述道德和仁义。

一诺千金

秦朝末年，楚地有一个叫季布的人，他性情耿直，侠义好助。只要是答应过的事情，无论有多大困难，都设法办到，受到大家的赞扬。

后来,曹丘生四处宣扬季布的好名声,季布的名气也就越来越大了。

[原文] 作中庸，子思笔，中不偏，庸不易。
作大学，乃曾子，自修齐，至平治。

[译文] 《中庸》这本书是孔子的孙子子思编写的。"中"就是不偏差，"庸"是保持常态不要改变。《大学》这本书是曾子所著，主要阐述一个人要提高自身的修养，对内能使家庭和睦，对外能治理政事，安邦定国。

玄奘以德服人

玄奘（zàng）是唐朝著名高僧，他西行取经的壮举令无数人赞叹！公元631年，玄奘到达摩揭陀国那烂陀寺，拜在百岁高僧戒贤法师门下钻研佛法。

过了一段时间，玄奘要研究小乘经典，可有些问题百思不得其解。

[原文] 孝经通，四书熟，如六经，始可读。

[译文] 首先读《孝经》，明白其中的道理后再读《大学》《中庸》《论语》《孟子》四本著作，等把这四本书熟读后才可以读《诗经》《尚书》《礼记》《乐经》《周易》《春秋》这六本典籍。

鹿乳奉亲

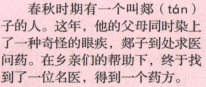

春秋时期有一个叫郯（tán）子的人。这年，他的父母同时染上了一种奇怪的眼疾，郯子到处求医问药。在乡亲们的帮助下，终于找到了一位名医，得到一个药方。

野鹿强壮有力，又非常机灵，怎么抓住呢？

回家的路上，一群孩子在玩老鹰捉小鸡的游戏。

有办法啦！

郯子回到家，卖掉了珍藏的几部古书，先去买了些口粮和一个大瓶子。

他又去猎人家买了一张野鹿皮，上面还连着鹿头，做工很精致。

第二天，郯子背着鹿皮来到野鹿经常出没的草原上。他爬上树，四处寻找野鹿的踪迹。

几天过去了，郯子终于发现了一个很大的鹿群。

[原文] 诗书易，礼春秋，号六经，当讲求。

[译文]《诗经》《尚书》《周易》《礼记》《春秋》和《乐经》称六经，这是中国古代儒家的重要典籍，凡是有志于读书的人，都应当仔细研究其中的道理。

屈原洞中读书

战国时期，有一位著名的大诗人叫屈原。屈原小的时候聪明好学，非常喜欢读课外书。

有一天，小屈原在学校里看一本楚国的民歌，没想到被老师看见了。

这些书废话连篇，看它干什么？记住，以后不管是在学校还是在家里，都不准读这些书。

不行！我一定要看！一定要读！

姐姐叫屈原吃饭时……

哈，有啦！

第二天放学后，小屈原没有回家，他来到后山坡的一个山洞里，这是他和姐姐经常玩捉迷藏的地方。

想啥呢你？

不知不觉天就黑了。

大石头当桌子，小石头当凳子。

[原文] 有连山，有归藏，有周易，三易详。
       有典谟（mó），有训诰，有誓命，书之奥。

[译文]《连山》《归藏》《周易》这三部书合称"三易"，"三易"是用"卦"的形式来说明宇宙间万事万物循环变化道理的书籍。《尚书》的内容分六个部分：一典，是立国的基本原则；二谟，即治国计划；三训，即大臣的态度；四诰，即国君的通告；五誓，起兵文告；六命，国君的命令。这些都是书籍中奥妙之所在。

秦朝时有个叫伏生的人，10岁起便开始研读《尚书》。长大后，他被秦始皇选为"博士"，负责管理古籍。

壁藏《尚书》

公元前213年，秦始皇听信丞相李斯谗言，在全国颁布了焚书令。

昭告天下：医药、占卜、种树的书籍可以保留；其余不是秦国史官记录的书籍全部烧毁；偷偷谈论古书、知情不告者处以死刑。

有些书生说你砸他们饭碗，心里骂你。

在山谷里挖一个大坑，不管说没说过我的坏话，把有不满情绪的书生统统活埋了！

伏生偷偷将《尚书》等经书藏在一面厚实的墙壁里，然后收拾行囊，匆匆逃到了外地。

从此，伏生过着四处流浪、居无定所的生活，直到刘邦平定天下后，他才返回家乡。

[原文] 我周公，作周礼，著六官，存治体。

[译文] 周文王的第四个儿子周公，他整理了周朝以前的文献资料写成了《周礼》，因此天官、地官、春官、夏官、秋官和冬官的政治体制得以保存和流传至今。

周公辅成王

[原文] 大小戴，注礼记，
　　　 述圣言，礼乐备。

[译文] 汉朝的两位学者戴德（大戴）和戴圣（小戴），他们整理并且注释了《礼记》，完整地保存了古圣先贤的言论，还包含各种礼节、五分十二律等音乐。

礼尚往来

孔子是春秋时期的大学问家。但是，孔子年轻的时候在鲁国并不受重视。

一天，孔子听说季府准备宴请各地读书人。

季府既然宴请鲁国的有识之士，我也可以前去一会。

那个粗眉毛，站住，你不能进去。

季府请各地的学子来聚会，为什么不让我进去？

进季府的学子不是当官的，就是有名气的，你算什么东西，也敢来这里充数？

阳虎竟如此瞧不起人，气死我了。

听见阳虎哥说的了吗，快滚，不然对你不客气了。

这一年，孔子17岁，他牢牢地记住了阳虎说的话。过了些年，孔子的社会地位和名气越来越大。他还办了学校，招收各地的孩子，给他们讲课。

鲁定公知道这件事后，对孔子敬佩不已，于是经常邀请孔子进宫讲课。

这时候的阳虎是季府的总管，他是个非常有野心的人。

鲁定公都听他讲课，这个孔子看来不是一般人。

应该拉拢过来以后为我所用，我可不想永远做管家。

一天，阳虎特意来拜访孔子，没想到孔子一改平时温和有礼的态度，闭门不见。

孔子肯定还在记恨我！

哟，这不是阳虎总管吗？吃闭门羹啦？孔子最讲究礼尚往来，想见他你得投其所好。

好办，孔子最讲究礼仪，我要备一份厚礼去拜访他。

孔丘，我带了烤乳猪肉来哦。

我家老师让我转告你："赶紧滚回去！"

孔先生，我把乳猪肉放在窗台上了，您记得吃哦，我就先回了……

其实，孔子不见阳虎是因为他和阳虎的政治主张完全不同。不过，阳虎还是如愿以偿地得到了孔子的回访。这就是历史上有名的"礼尚往来"。

不吃白不吃，这年头猪肉贼贵。

[原文] 曰国风，曰雅颂，号四诗，当讽咏。

[译文] 国风，是指各诸侯国的民歌；雅，是指在正式场合演唱的诗歌；颂，是指宗庙祭祀的乐曲，具体包括《国风》《大雅》《小雅》和《颂》，它们合称为"四诗"，这些诗歌都值得后人去吟咏和传诵。

诗礼传家

孔鲤是孔子的独生子，因为出生时鲁哀公特意送来一条大鲤鱼表示祝贺，孔子便给儿子取名为孔鲤。

过了一段时间，孔子又把孔鲤叫住。

孔子以《诗》《礼》教子，孔鲤也以《诗》《礼》传家，于是孔家就形成了以"诗礼"为本的家风。

[原文] 诗既亡，春秋作，寓褒贬，别善恶。

[译文] 相传《诗经》在流传的过程中丢失了不少，于是孔子编写了《春秋》这本书，希望人们借此来褒扬善行好事，贬抑恶行坏事，分辨忠奸善恶。

一字褒贬

西周末年，周幽王因为贪恋女色而导致国家灭亡。公元前770年，周平王将都城迁到洛阳，中国历史从此进入了诸侯纷争的春秋时代。

这时候，周王朝的统治一落千丈，社会动荡不安。周平王一面颁布各种政策稳定局势，一面派兵攻打入侵边境的少数民族。

几年后，《春秋》写作完成，在社会上产生了很大影响。孔子用笔严谨，褒扬谁就写他的字，贬低谁就写出他的名。

孔子从卫国回到鲁国，针对当前时事，开始编写《春秋》，这部书主要评价历史人物和重大事件。

这些话传到了孔子的耳朵里……

[原文] 三传者，有公羊，有左氏，有谷梁。

[译文] 三传是指鲁国人公羊高所著的《公羊传》，鲁国人左丘明所著的《左传》和汉朝人谷梁赤所著的《谷梁传》，它们都是解释《春秋》的书。

退避三舍

四年后,重耳在秦穆公的帮助下,回到晋国,当上了君主,即晋文公。

晋文公历经磨难,了解百姓疾苦,所以一当上国君,便施行了各种政策,没过几年,晋国的国力越来越强,势力范围也向中原地区扩展。

这时,楚国也变得强大起来,势力范围不断向北发展,触及了晋国的利益,两国矛盾越来越尖锐。

公元前633年,楚军和晋军在一个叫城濮(pú)的地方开战。

这时,晋文公想起自己流亡楚国时与楚成王的约定,于是立刻下令:全军后退三舍。

楚军看到晋军撤退,以为晋军害怕要跑,于是不住地追赶。晋军见楚军那么嚣(xiāo)张,心里都暗自憋着一股劲,一定要打败楚国。

正好退了九十里后,晋文公让士兵们稍微休息了一会儿,然后一声令下,擂起了进攻的战鼓!

这会儿,楚军又累又饿,看见晋军像猛虎一样冲来,只能胡乱招架。结果,晋军一鼓作气,将楚军打得大败!

城濮之战后,楚国再也没有能力和晋国对抗,晋文公开始会盟诸侯,并得到了周天子的支持,成为了春秋时期的霸主之一。

[原文] 经既明，方读子，撮(cuō)其要，记其事。

[译文]"四书"和"六经"的要旨都明白以后，才可以读诸子百家的书，但是诸子百家的书籍太多，只要选择比较重要的来读，并且记住每件事的本末、因果就可以。

刘羽冲死读书

古时候，有个叫刘羽冲的读书人，喜欢研究古书，而且非常相信古书上的内容。

恰巧这时候，乡里出现了土匪，乡里的官员们就请刘羽冲去训练一支军队，镇压土匪。

[原文] 五子者，有荀扬，
　　　文中子，及老庄。

[译文] 诸子百家中有五家的书不可不读，他们是荀子、扬子、文中子、老子及庄子。诸子百家所写的书，便称为子书。

老子的预言

[原文] 经子通，读诸史，考世系，知终始。

[译文] 经书和子书读熟了以后，就可以开始研读各种史书了。史书记载的是一国兴亡的事，要从中考察历代王朝传承的世系，明白各国政治上的利弊得失和治乱兴衰的原因，才能从历史中汲（jí）取教训。

崔杼弑君

[原文] 自羲农，至黄帝，号三皇，居上世。

[译文] 伏羲、神农和黄帝是远古时代的三位君主，后人尊称他们为"三皇"。他们能勤政爱民，是后世君王的榜样。

黄帝大战蚩尤

大约在四千多年以前，我国黄河、长江流域一带住着许多氏族和部落。黄帝是传说中最有名的一个部落首领。

黄帝的出生充满了神秘色彩。那天，他的母亲附宝来到野外，突然一道瑰丽的闪电划过——

相公，一道闪电给我霹出个孩子来。

我儿子长得咋这么霸气呢，瞧瞧这额头，高高隆起，形状好似一个光芒四射的太阳，总也看不够。

黄帝两个月时就会说话了。

三四岁时就能和人辩论了。

二十岁时已经成了一个很有修养的俊才，后来顺理成章地当上了部落首领。

说实话，我总觉得我不如我爸帅。

[原文] 唐有虞，号二帝，
相揖逊，称盛世。

[译文] 唐尧和虞舜被后人称为"二帝"，他们年老的时候，没有把帝位传给自己的儿子，而是禅让给了德才兼备的人，使得天下一片太平，人人称颂。

尧禅让帝位

有一年，天下发生了大水灾，到处一片汪洋。百姓流离失所，饥寒交迫。

尧是继黄帝之后的又一位圣明君主，他在位统治七十年，天下太平，百姓安居乐业。

你们四个，赶紧给我推荐一个能治水的人！

鲧（gǔn）善于治水。

鲧自以为是，还常常诋毁同族人，我不看好他。

那好吧，听你们的建议。

但是不用他，也没有人比他更合适了。

这下有吃不完的鱼了，我是该高兴还是该不高兴呢？

鲧接受黄帝的任命，开始治水。

鲧

九年过去了，天下依然洪水滔天，百姓困苦不堪。

[原文] 夏有禹，商有汤，
周文武，称三王。

[译文] 夏朝的开国君主是禹，商朝的开国君主是汤，周朝的开国君主是文王和武王，这几个德才兼备的君王被后人称为"三王"。

大禹治水

当初，尧让鲧治理洪水，但鲧用了九年的时间也没把水治好。舜继位后，杀了鲧，又派鲧的儿子大禹去治水。

父亲治水患的办法是"堵"，就是哪里有水患，就在哪里修筑堤坝，结果洪水一来，堤坝一下子就被冲垮了。这个办法不能再用！

禹征求了许多人的意见后决定采用疏导的办法，就是挖修河道，把洪水引到大海中去。这时禹刚刚结婚，可他毅然离家走了。

老婆！等我回来！

在大禹的带领下，人们开沟挖渠，日夜苦干。

人类就是爱折腾。

禹是个很有责任感的人，他顾不上吃，顾不上喝，四处奔波，一心扑在治水事业上，三次经过家门口都没有回去看一眼。

[原文] 夏传子，家天下，四百载，迁夏社。

[译文] 夏禹把帝位传给儿子启，中国从此开始了家天下的王位继承制度。经过四百多年，夏被汤所灭。

少康中兴

大禹的儿子名叫启，他凭着父亲的威望建立了夏朝，夏朝是我国第一个奴隶制国家。但启只做了九年的王就病逝了，继位的是他的儿子太康。

[原文] 汤伐夏，国号商，六百载，至纣亡。

[译文] 夏桀（jié）在位时暴虐无道，一个叫汤的部落首领举兵起义，灭掉了夏朝，建立了新王朝，国号商。商朝一共传了六百多年，到商纣王时灭亡。

商汤灭夏

夏桀是夏王朝的末代君主，他荒淫无道，施行暴政，经常兴兵攻打各诸侯国。

有一次，夏桀攻打有施国，有施国战败，就献上了一个叫妹喜的美女，与夏朝和解。桀自从得到妹喜，生活更加腐化，统治更加残暴，百姓们苦不堪言，都纷纷骂夏桀荒淫无道。

你这个太阳啊！为什么不快点灭亡呢？我们愿意同你一起去死！

这个时期，黄河下游一个叫商的诸侯国发展起来。

商国的国君成汤英明能干。商国的强盛对夏朝是个很大的威胁，桀就找了个借口，把成汤骗到都城，软禁了起来。

你以后就别回你的小商国了，天天在这里陪我花天酒地。

商国没有了国君，大臣们很着急。这时，右相伊尹（yī yǐn）想了一个办法。

夏桀喜欢珍宝和美女，那我们就搜集很多，派一个口才好的人送给他，同时给夏桀身边的人一些好处，请他们说说好话。

这个办法果然奏效！夏桀看到美女和宝贝，很爽快地把成汤放了。

我最喜欢美人了。

[原文] 周武王，始诛纣，八百载，最长久。
周辙东，王纲坠，逞干戈，尚游说。

[译文] 周武王起兵灭掉商朝，杀死纣王，建立周朝。周朝传承了八百多年，是我国历史上年代最长久的王朝。周平王把国都从镐（hào）京迁到洛阳后，对诸侯的控制力越来越弱，周王朝的统治面临崩溃。各诸侯纷纷自立为王，战争频繁，天下大乱。一些谋士、说客周游列国，宣传自己的主张。

烽火戏诸侯

周幽王是西周的最后一个君主。他昏庸无道，不理朝政，整天在后宫和妃子们嬉戏。周幽王特别宠爱一个叫褒姒的妃子，可是褒姒有个毛病，从来不笑。不论周幽王怎么逗她，她就是不笑。

最终，犬戎攻破周朝的都城，西周就这样灭亡了。

[原文] 始春秋，终战国，五霸强，七雄出。

[译文] 东周分为春秋和战国两个时期。有人把春秋时期的齐桓公、宋襄公、晋文公、秦穆公和楚庄王称为"五霸"，战国时期的齐、楚、燕、韩、赵、魏、秦称为"七雄"。

一鸣惊人

楚庄王登上王位后，整天不理国事，白天打猎，晚上喝酒，就这样浑浑噩噩地过了三年。

[原文] 嬴秦氏，始兼并；传二世，楚汉争。

[译文] 战国末年，秦国的势力日渐强大，先后兼并了六国的领土，统一了天下。但秦国只传了两代，到第二代胡亥时，天下又开始大乱，最后，形成西楚霸王项羽和汉王刘邦兴兵争夺天下的局面。

鸿门宴

公元前206年，刘邦率大军攻入咸阳城，秦朝灭亡。但刘邦不敢得罪项羽，把大军撤到东郊的灞（bà）上。不久，项羽率军攻入函谷关，很快打到新丰鸿门的地方。

大帐中，项羽和谋士范增商议。

这时，项羽听说刘邦入关后，将秦国的金银、粮草都据为己有，准备称王，心里很气愤！

我们设一场饭局，请刘邦来赴宴，席间你看我眼色杀了他。

这个主意太好了，就这么办吧。

第二天，刘邦带着张良、樊哙（fán kuài）等一百多人来到鸿门，走入营门，见项羽坐在帐中，左边站着项伯，右边站着范增，士兵们个个拿着刀剑，一片杀气腾腾。

我入关后，立刻命人封锁了库银，登记了官民户籍，只等将军来，哪里有别的用心啊！请您不要听信小人的话！

你派人把守关口，不让我进去，是什么用心？

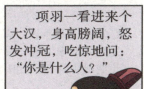

[原文] 高祖兴，汉业建，至孝平，王莽篡（cuàn）。

[译文] 汉高祖刘邦打败了项羽之后，建立了汉朝，但汉朝传到孝平帝时，被外戚王莽篡夺了帝位，西汉王朝就这样灭亡了。

王莽篡权

王莽出身豪门，虽然父兄早逝，但他勤奋好学，为人谦恭，声名远播。王莽的伯父、叔父都是朝中大官，而姑姑是汉成帝的母亲，因此他很快就在朝廷中得到一个重要的职位。

有一年，中原发生了旱灾和蝗灾，王莽建议官府节约粮食和布帛（bó），救济灾民。

后来，汉成帝去世，九岁的汉平帝继位，国家大事由大司马王莽做主。

王莽早有称帝的野心，他在内拉拢朝中大臣，在外勤做好事，宣扬名声，势力一天比一天强大。

这一天是汉平帝的生日，大臣们轮流敬酒，没想到，王莽献上的是一杯毒酒。汉平帝喝后，当晚就去世了。

[原文] 光武兴，为东汉，四百年，终于献。

[译文] 刘秀起兵推翻王莽，重建汉室，称为东汉。两汉共传了四百多年，到汉献帝时，汉朝灭亡。

昆阳大战

[原文] 魏蜀吴，争汉鼎，号三国，迄两晋。

[译文] 东汉末年，魏国的曹操、蜀汉的刘备、东吴的孙权开始争夺汉朝的天下，形成三国相争的局面，历史上称为三国时代，后来魏国灭了蜀国和吴国，但被司马炎篡夺了帝位，建立了晋朝，晋朝又分为东晋和西晋两个时期。

三顾茅庐

东汉末年，刘备屯兵新野，四处访求人才。他听说隆中住着一个叫诸葛亮的人，号称卧龙先生，是天下奇才，就同关羽、张飞一起去请他出山。

第二次从隆中回来后，刘备便天天派人去隆中打听消息。快过年的时候，得知诸葛亮回来了，他带上礼物，让关羽、张飞陪着一块赶往隆中。

过了很长时间，诸葛亮才醒来。刘备见诸葛亮眉目清秀，举止儒雅，一表人才，心里非常喜欢。

刘备"三顾茅庐"使诸葛亮非常感动，答应出山相助。在交谈中，诸葛亮对天下形势作了非常精辟的分析，刘备十分佩服，尊诸葛亮为军师。

[原文] 宋齐继，梁陈承，为南朝，都金陵。

[译文] 晋朝传了一百多年，被东晋大将刘裕篡位做了皇帝，改国号为宋（史称刘宋或南朝宋）。后来，南宋禁军统帅萧道成篡位，改国号为齐。南齐王朝经历了二十四年，被同宗的幽州刺史萧衍所灭，国号改为梁。随后，陈霸先篡位，建立陈朝。因为这几个王朝都将都城建在南京，历史上把它们统称为南朝。

花木兰替父从军

南北朝时期各国经常打仗，国家大举征兵，木兰年迈的父亲也被征召上战场。

在战场上,花木兰像男子一样勇猛。有一次,大元帅被围攻,眼看一个敌人举刀朝他砍去,木兰飞身跃过去,一脚踢飞敌人,救了大元帅。

木兰太厉害啦,我们要向他学习……兄弟们冲啊,要像木兰一样勇猛!

从这以后,花木兰不仅得到了元帅的重用,还得到了将士们的拥戴,成了军营里的英雄,在以后的很多次战斗中都立下了汗马功劳。

十二年后,战争结束,花木兰随大军凯旋。在皇宫里……

听说你这娃娃骁(xiāo)勇善战,朕该赏赐你什么呢?

花木兰骑着宝马,日夜兼程回到家里,与父母团聚。那些与她一同返乡的伙伴们,看到她穿着女儿装,这才知道她是一个女子。

陛下,我想要一匹千里马,快快回到家乡,看望父母。

[原文] 北元魏，分东西，宇文周，与高齐。
迨至隋，一土宇，不再传，失统绪。

[译文] 北方，最先兴起的是北魏，至孝武帝时分裂为东魏和西魏，不久，宇文觉灭掉西魏，建立北周，高洋灭掉东魏，建立北齐。等到隋文帝杨坚建立了隋朝，天下重新统一。隋文帝的儿子隋炀帝杨广即位后，荒淫无道，四处征战，隋朝很快就灭亡了。

孝文帝迁都

公元471年，魏孝文帝当上皇帝，为了吸收中原文化，巩固魏朝江山，他打算把国都从平城迁到洛阳。

大臣们都反对迁都，我要换个策略。

我要率大军进攻南齐，谁也不要阻拦！

公元493年，孝文帝率三十万大军浩浩荡荡地出发了。

来到洛阳时，正值雨季，道路泥泞，军队无法前行，孝文帝下令安营扎寨。

大王，下雨下得道路太滑了，到处都是淤泥。

原地安营扎寨！

雨都下了一个月了，这还怎么打仗啊！

大王到底是咋想的？

看起来一点也不担心大雨影响战事。

有啥可急的，嘿嘿，继续听我的音乐。

[原文] 唐高祖，起义师，除隋乱，创国基。
二十传，三百载，梁灭之，国乃改。

[译文] 唐高祖李渊起兵反隋，他战胜了各路的反隋义军，占领隋朝都城长安，取得了天下，建立了唐朝。唐王朝总共传了二十位皇帝，统治近三百年。后来，节度使朱温篡夺了皇位，改国号为梁，史称后梁。唐朝从此灭亡。

魏征直言敢谏

魏征胸怀大志，胆识超群，唐太宗李世民继位后，提拔他为宰相。在魏征任职的几十年间，先后向唐太宗进谏了二百多次。每一次，太宗都慎重考虑，尽量采纳。

[原文] 梁唐晋，及汉周，称五代，皆有由。

[译文] 后梁、后唐、后晋、后汉及后周五个朝代，历史上称作"五代"。这五个朝代的时间都很短，它们的兴亡都有原因。
（与此同时，在中原地区之外，还存在着前蜀、南唐、吴越等十多个割据政权，史称"十国"。"五代十国"时期是中国历史上的一个大分裂时期。）

李后主亡国

南唐最后一个国主李煜（yù），对诗词、音乐、书画都十分精通，可就是不懂处理国事。

当时，赵匡胤（yìn）已在北方建立了宋朝。李煜很怕成为亡国奴，就年年给宋朝进贡，委曲求全，得过且过。

宋太祖又送来书信，催陛下去大宋国见他。

我怕去了就回不来了。

装病！

曹彬、潘美，我命令你二人带领十万大军分水陆两路攻打南唐。

好个江南国主，居然屡诏不到，这分明是抗命不遵！

遵命！

公元974年9月。

宋朝军队打过来了。

徐铉（xuàn），你立刻到东京去求和。

[原文] 炎宋兴，受周禅，十八传，南北混。

[译文] 赵匡胤接受后周皇帝的禅让，建立了宋朝，北宋和南宋一共传了十八代，北方的少数民族南下侵扰，结果又形成了南北混战的局面。

杯酒释兵权

宋太祖称帝后，发生过几次叛乱，虽然最终平定，可他还是很担心。一天，宋太祖找谋士赵普谈话。

[原文] 辽与金，皆称帝。元灭金，绝宋世。

[译文] 北方的契丹族建立了辽国、女真族建立了金国，它们都与宋朝相对抗。后来，金国消灭了辽国，蒙古的元太宗又消灭了金国。之后，元世祖忽必烈灭了南宋，建立元朝，重新统一中国。

金兵被困黄天荡

公元1127年，金军先后扣押宋钦宗、宋徽宗，北宋王朝灭亡。在宋朝皇族中，康王赵构领兵逃脱，在老臣们的拥护下继承皇位，即宋高宗。金军知道后，率军一路势如破竹，直奔扬州杀来。

金军向扬州杀来了，再不跑就来不及了。

宋高宗连夜逃到镇江。

金军已攻入扬州。

咳！咳！
还好我跑得快，这里也不安全，连夜逃去杭州。

金军在扬州大肆掳掠后，便自动北撤了。这时，宋高宗急忙派使者向金军求和。
我愿意削去皇帝的称号，使天地间只有大金皇帝最尊贵！

南宋大势已去，还有脸来跟我求和，传我军令，三军整顿，准备将南宋从版图上抹去！

宋高宗觉得杭州不太安全，又急忙逃到越州，之后又逃到明州。可是金军紧追不放，于是他又坐船漂流到温州，在船上建立他的朝廷。

金军坐不惯船，只好先撤退了。

南宋将领韩世忠听说金军北撤,立即派前军驻守青龙镇,中军驻守江湾,后军驻守海口。他这样做是想逼兀术改走镇江一线,以便在镇江将金军一举消灭。

果然,兀术听探子说南宋军队沿路驻守,就决定改走镇江到建康,然后渡江北上。他哪里想到南宋大军正在镇江等着他呢。

金军一到镇江附近,还没反应过来,就遭到宋军伏击,金军大败!

我十万大军死伤不少,剩下的被围困在黄天荡,渡江渡不了,后退退不成,你去向韩世忠求和。

放你们过去可以,但你们必须还我二帝和我大宋全部疆土。不答应这两个条件,你们休想渡过长江!

兀术的兵马被围在黄天荡里四十多天,军粮快吃完了,心里十分焦急。这时,有个贪财的乡民找到他。

兀术连夜抢来一千多条民船,仓皇沿着长江逃往建康。黄天荡一战,沉重打击了金军,南宋扭转了败局。

北面有一条老鹳河,只要挖开它,就可以通向长江,从那里渡江脱逃。大王,你可要给我好处费呀。

[原文] 莅中国，兼戎狄，
九十载，国祚废。

[译文] 元朝入主中原后，兼并了边疆各少数民族，元朝的疆域很广大，但是只存在了九十年，就被朱元璋推翻了。

一代天骄成吉思汗

成吉思汗名叫铁木真，他是蒙古族的英雄，也是我国历史上杰出的军事家。

在铁木真小时候，蒙古高原上有许多大大小小的部落，这些部落之间经常发生争斗。

铁木真的父亲也速该是孛儿只斤民族的首领。铁木真九岁那年，父亲带他去蒙古弘吉剌部求亲。定亲后，铁木真按照当地风俗，留在岳父家里。

没想到，也速该在返回途中被世仇塔塔儿人毒死。这下，原来依附他们家的族人纷纷离去，还把铁木真家抢劫一空。母亲带着铁木真和弟弟们，靠摘野梨、挖野葱、捕河鱼生活。

在艰难中长大的铁木真，身体强壮，箭法非常好。邻近的泰赤乌部的人担心铁木真会团结旧部，和他们作对。

抓住铁木真，不要让他跑了！

一天，铁木真正在附近的山坡上遛马，听说仇人要抓他。

他赶紧飞身上马，逃向山上的密林深处。

铁木真藏在树林里，靠采野果充饥，熬了十几天，饿得实在受不了了。

不料，他刚从树林中走出，就被埋伏在外的仇人抓住了。

这晚，泰赤乌部举行宴会，人们都喝酒去了，只有一个少年看守铁木真。铁木真略施小计，逃了出去。

经过这次危难，铁木真开始积极发展自己的势力，他还凭借父亲生前的关系，主动依附王汗。经过近二十年的南征北战，他终于成了一个强大蒙古部落的首领。

公元1196年，金朝进攻塔塔尔部，塔塔尔败退，铁木真率部乘机截击塔塔尔部，取得了胜利，得到大批俘虏和财物，这不仅壮大了部落的实力，也提高了铁木真的威望。

此后，铁木真发动了四次大规模战争，使蒙古草原各部落全都拜倒在他的脚下，最终统一了蒙古。公元1206年，蒙古各部落首领在斡（wò）难河边举行了一次盛大的集会，大家一致推荐铁木真做全蒙古的大汗（hán），称"成吉思汗"。

[原文] 太祖兴，国大明，号洪武，都金陵。

[译文] 元朝末年，明太祖朱元璋起义，南征北战18年，最后推翻元朝统治，统一全国，建立明朝，年号为洪武，定都在金陵（今南京）。

乞丐皇帝朱元璋

公元1328年10月，一个婴儿出生在一座破旧的二郎庙里。父亲朱五四给他取名朱重八，他就是后来的明太祖朱元璋。

朱元璋从小家境贫寒，父母去世后，他便到附近的皇觉寺出家当了和尚。

这年，朱元璋去化缘，等回到家乡，家乡已经被红巾军占领，寺庙也被毁了。为了活命，他只好参加了红巾军。

为了正义，我想加入红巾军。

朱元璋参军后，表现得非常勇敢，还出了不少好主意，显示出卓越的军事才能。

行动如风，兵贵神速……

懂得真多。

红巾军的首领郭子兴看他很有本事，就把一个干女儿嫁给他，还让他去当和州总管。

朱元璋来到和州，担心其他将领不服他管，就让人把大厅里原来按地位和主次排列的座椅全部撤去，再一左一右地摆上两排长条凳，然后叫众将来大厅，按照官职大小各自坐下，朱元璋则在最后一个空位上坐下。

今天请大家来，是商议如何守城的，谁有高见就直说吧！

诸位将官也说不出什么来。

我建议立即修筑城池，每人划定地段，明确责任，限期三天完成。

122

三天后，朱元璋和众将官一起去验收。结果除朱元璋承担的一段按质按量完成外，其他地段都没有完工，有的甚至修得七扭八歪。朱元璋大为恼火，又把众将领叫到大厅议事。

这次，朱元璋坐了第一把椅子，又拿出郭子兴给的令牌。

分工筑城，本该各尽其职，如期完成。可你们都耽误了。这次的事就不计较，如有下次，定要重罚！

大家听了面红耳赤，从此朱元璋下的命令，谁也不敢不听了。

朱元璋行军作战时，常常派人四处网罗能人。时间一长，身边聚集了好多有本事的人。

这天一个叫冯国用的谋士说……

金陵（今南京）地势险要，城池坚固，如果把它当作立足点，再派兵征战，那就不一样了。

朱元璋听了，心里有了更大的志愿：先占领金陵，再统一天下……

后来，郭子兴病死，大家就推举朱元璋当了起义军的元帅。1356年3月，朱元璋率领大军，攻占了金陵，改名为"应天府"。

公元1368年，朱元璋在应天府称帝，建立明朝。同年秋天，明军攻克元大都，结束了元朝的统治。

[原文] 迨成祖，迁燕京，十六世，至崇祯。
权阉肆，寇如林，李闯出，神器焚。

[译文] 等到明成祖朱棣（dì）继位的时候，他把都城从金陵迁到燕（yān）京（今北京），又传了十六代，到崇祯皇帝时明朝灭亡了。明朝之所以灭亡，是由于太监弄权，政治腐败，盗匪流寇（kòu）四起，百姓纷纷起义，以闯王李自成为首的起义军攻破北京，迫使崇祯皇帝自杀，明朝灭亡。

李闯王渡黄河

明朝末年，李闯王带领农民军来到黄河边上准备渡过黄河。这时是初冬，滔滔河水挡住了农民军前进的道路。

真急人，没办法，只好扎营住下，待黄河水结冰。

第二天，他派两个人去黄河边看情况。

报告，没冻！

啊！

第三天，李闯王又派两个小兵去黄河边查看，结果听说黄河没有上冻，急得头发胡子全白了。

第四天，李闯王又派两个人去看。

咱们闯王要东渡黄河去解救老百姓，可黄河没有上冻，两天工夫就把头发胡子急白了！

是啊，这可怎么办？今天咱们回去说黄河还没上冻，那闯王还不得急出病来？

两个人正说着，黄河岸上的船夫听见了，非常感动。

我们有办法，一定让大军渡过黄河。你们回去报告闯王，就说黄河已经上冻。

闯王，上冻啦，黄河上冻了，我们可以过河了。

真是太好了，哈哈哈，传令下去，大军四更做饭，五更出发。

闯王率一支人马先来到黄河边，只见一夜之间，河面上船连船、板连板，已经搭起了一座宽大的浮桥。

太谢谢你们了，船夫大哥，你们帮了大忙了。

闯王带领大军顺利地渡过黄河，一路攻克西安，占领了宁夏、兰州、西宁、永昌等地。

起义军占领西安后，正式定国号为大顺，改西安为长安，李自成自称大顺王。

公元1644年3月，李自成率军攻入北京，崇祯帝自缢于煤山（今景山），自此明朝的统治结束。

[原文] 清世祖，膺(yīng)景命，靖四方，克大定。

[译文] 清世祖（爱新觉罗·福临，是清朝入关后的第一位皇帝）自称接受天命，入主中原，平定四方，使天下恢复了安定。

努尔哈赤建立后金

明朝时，我国东北有一个少数民族，叫女真族，就是后来的满族。努尔哈赤出身建州女真的贵族家庭。他从小就喜欢骑马射箭，练得一身好武艺。

努尔哈赤召集了一批人马，经过十几年的南征北战，他终于征服了各个部落，统一了女真。

公元1616年，在八旗贵族的拥护下，努尔哈赤在赫图阿拉正式称汗，国号"大金"，历史上称为后金。

公元1619年，努尔哈赤在萨尔浒大败明军，士兵们四散而逃，主将杜松死在乱军之中。

努尔哈赤乘胜追击，又分别打败了另外两支明军。明军四路兵马，三路主将死的死、逃的逃，剩下一路人马不敢再战，只好退走了。此后不久，努尔哈赤迁都沈阳。

[原文] 古今史，全在兹，载治乱，知兴衰。

[译文] 以上所叙述的是从三皇五帝到清朝的历史。从中我们可以了解国家兴衰的原因，吸取历史的教训。

帝王的恐惧

我国历朝历代都有史官，他们负责记录国家大政和帝王言行，因此帝王们都很注重自己的名誉。

记下来，统统记下来。

史官

有一次，宋太祖设宴招待群臣。有一个翰林学士叫王著，他原是后周的臣子，这时喝醉了酒，思念故主，当众吵闹起来。

故主啊，臣又想你了。

这话也敢说！

找死呢，我看你是。

第二天，有大臣上奏说……

来人哪！扶他回去休息吧，喝大了！

我不走，别碰我！呜呜~

王著当众大哭，思念周世宗，应当严惩。

在世宗时，我和他同朝为臣，熟悉他的脾气。他一个书生，哭哭故主，也不会出什么大问题，随他去吧。

[原文] 读史者，考实录，通古今，若亲目。
　　　　口而诵，心而惟，朝于斯，夕于斯。

[译文] 研读历史的人，需要注意考察记录历史事实的资料，这样才能通晓古往今来的历史，就好像自己亲眼所见一样。读书的方法不但要用口去读去背，还要用心去思考，不但白天用功，晚上也要不断地勤学苦读，才能熟记不忘。

司马光的"警枕"

司马光从小就刻苦读书，但他总觉得自己记忆力不行，背诵文章、生字不如别人快。

阅读强迫症。

我一定要比别人更用功。

每天放学后，小司马光都要挤出时间来学习。特别是晚上，一读就读到很晚。

真愁人，昨天睡得晚又睡过头了，今天的晨读泡汤了。

晚上又到啦！

如果我能起那么早的话。

妈妈，明天鸡叫第二遍就叫醒我，我要起来读书。

后来，司马光成为宋代著名的文学家和历史学家，并主编了中国的第一部编年体通史巨著《资治通鉴》。

[原文]昔仲尼，师项橐，古圣贤，尚勤学。

[译文]从前，孔子向七岁的神童项橐（tuó）请教问题，得到答案后，孔子恭敬地向他行礼后绕"城"而过，像孔老夫子这样的圣贤，还这样不耻下问，给后人做了好榜样。

孔子拜师

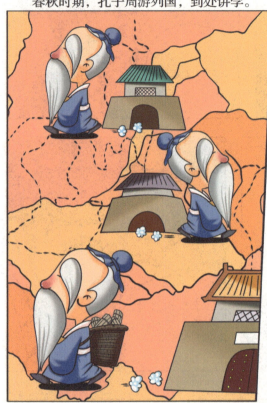

后来，孔子又提出了好几个问题，结果孩子们都对答如流。

[原文] 赵中令，读鲁论，彼既仕，学且勤。

[译文] 宋朝宰相赵普，白天忙于处理政务，晚上还专心地阅读《论语》等圣贤的书，从中学习为官处世的道理。赵普做了大官还这么勤学，年轻人如果不珍惜学习的机会，那就太不应该了。

赵普读《论语》

赵普是北宋初期的杰出政治家，中国历史上著名的谋士。从宋太祖取得政权到平定南方，他的功劳很大，因此被封为宰相。不管大事小事，宋太祖都要和他商量。

赵普平时总爱向宋太祖推荐人才，一次，两次，三次……直到宋太祖任用；有建功的，宋太祖不赏赐的，赵普还为他们请功。

赵普以前是个小官，读书很少，当上宰相后，他也感到自己的不足，于是每天回到家，就关在屋里苦读。

[原文] 批蒲编，削竹简，彼无书，且知勉。

[译文] 西汉时的路温舒，将蒲草编织成席子，把借来的书抄在蒲草上阅读；公孙弘把竹子削成竹简，把借来的书抄在上面看。这两个人虽然穷得没有钱买书，但仍然想办法刻苦读书。

路温舒的"蒲草书"

[原文] 头悬梁，锥刺股，彼不教，自勤苦。

[译文] 汉朝的孙敬读书时把自己的头发拴在屋梁上，以免打瞌睡。战国时苏秦读书每到疲倦时就用锥子刺大腿，他们不用别人督促却可以自觉地勤奋苦读。

孙敬头悬梁和苏秦锥刺股

东汉时候，有个叫孙敬的人，他勤奋好学，每天从早读到晚，常常连吃饭和睡觉都忘了。时间一长，他疲倦得直打瞌睡。

一天，孙敬正在看书，看着看着，所有的字一片模糊，两眼一闭就睡着了。

等他睁开眼睛时，天已经大亮。他非常后悔，担心因为睡觉而荒废学业，一事无成。

为了不再打瞌睡，他想了一个办法：在书桌上方的房梁上拴了一根绳子，然后把自己的头发系在绳子上，当读书累得打盹时，只要一低头，绳子就会拉住他的头发，疼痛会让他立刻清醒，接着读书。孙敬用这个办法，很多年来坚持苦读，最终成了著名的大学问家。

战国时期，有一个人叫苏秦，他学问不多也不深，到哪都不被重用。最后钱花光了，衣服穿破了，实在混不下去了，只好回家去。

这天，苏秦趿拉着草鞋，挑着副担子，狼狈地回了老家。

嫂子，我回来啦！

嫂子，我一天没吃东西了，给我做点东西吃吧。

[原文] 如囊(náng)萤，如映雪，家虽贫，学不辍(chuò)。

[译文] 晋朝的车胤，没钱买油灯，在夏天的晚上就捉了好多萤火虫放在纱布缝制的布袋里，借助虫子发出的微弱光亮看书。晋朝的孙康，也是因为家里贫穷，在冬天的夜里，利用雪地上的反光来读书。虽然他们都出自贫寒的家庭，却都坚持在艰苦条件下继续求学。

车胤囊萤，孙康映雪

晋代有个叫车胤的孩子，从小就爱读书，常常读书到深夜。

太阳又下山了，又不能看书了。

可他家里很穷，买不起灯油，车胤为此十分苦恼。

夏天的一个晚上，车胤和小伙伴们到村外田野上玩耍。只见小伙伴们抓来萤火虫，都装在一个布口袋里，从里面透出隐隐约约的光。

要是把萤火虫装在薄薄的白纱袋里，不就可以抵得上一盏油灯了吗？

车胤兴奋地抓了许多萤火虫，放在纱布袋里。就这样，每到晚上，他就把纱布袋挂起来，利用萤火虫发出的光读书学习。车胤坚持不懈地刻苦学习，长大后成了一个很有学问的人。

我叫孙康，和车胤差不多，都是家里穷买不起灯，晚上没法读书。

[原文] 如负薪，如挂角，
　　　身虽劳，犹苦卓。

[译文] 汉朝的朱买臣，以砍柴维持生活，每天一边挑着柴一边读书。隋朝的李密，平时为人放牛，常常把书挂在牛角上，有时间就读。他们为了谋生身心疲劳，依然艰苦地求学。

朱买臣负薪和李密挂书

汉朝人朱买臣非常喜欢读书，可是家里穷，日子过得非常艰苦。他每天都要上山砍柴，维持生活。

一转眼，三四年过去了。朱买臣的同乡严助做了官，很得汉武帝的赏识。

[原文] 苏老泉，二十七，始发愤，读书籍。
彼既老，犹悔迟，尔小生，宜早思。

[译文] 宋朝的文学家苏洵，号老泉，小时候不想念书，到了二十七岁时忽然觉悟，开始发愤读书。他因为年纪大了，才后悔读书太晚。年轻的学子应该有所警惕，把握大好时光，发愤读书，才不至于将来后悔。

大器晚成的苏洵

宋朝文学家苏洵，他年轻时读书不努力，糊里糊涂地混日子，直到二十七岁时才有所觉悟，开始发愤学习。

就这样,苏洵发愤苦读了五六年,学问突飞猛进,许多人都夸赞他文章写得好!

[原文] 若梁灏，八十二，对大廷，魁多士。
彼既成，众称异，尔小生，宜立志。

[译文] 宋朝的梁灏（hào）八十二岁时，在朝廷面对皇帝的提问，对答如流，所有参加考试的人都不如他，他最终夺魁成为状元。梁灏这么大年纪获得成功，大家都感到惊异。年轻人更应该早早立志，用功读书啊！

梁灏考状元

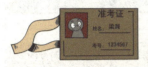

五代十国后晋时期，有一个文人叫梁灏。他从小就喜欢读书，少年时立下誓言，不考中状元誓不罢休。

[原文] 莹八岁，能咏诗；泌七岁，能赋棋。
彼颖悟，人称奇，尔幼学，当效之。

[译文] 北齐的祖莹八岁就能吟诗，唐朝的李泌七岁就能以下棋为题作诗。他们两个人的聪明才智，在当时很受赞赏，人人称奇。年轻人应该以他们为榜样，好好学习效法。

祖莹背《尚书》和李泌赋诗论棋道

祖莹八岁的时候，就能背诵《诗经》和《尚书》。他整天不停地读书，常常连觉都不想睡。

他的父母心疼他，就把家中的灯藏起来，不让他看书看得太晚。祖莹就在父母都睡着后，拿出自己事先藏好的火种来照明，怕父母看见，他还用衣服把门窗遮住，为的是安心地看书。

有一次，祖莹看书看得晚了，第二天睡过了头，醒来的时候已经误了上学的时间，就匆匆忙忙地往学校赶。这一天正好轮到他上台读《尚书》。

糟糕，拿错了课本。

祖莹，快点读，磨蹭啥呢？

唐代有一个名臣，名叫李泌。他小时候十分聪明，能写文章，能作诗赋词，还会下棋。

[原文] 蔡文姬，能辨琴；谢道韫，能咏吟。

彼女子，且聪明；尔男子，当自警。

[译文] 东汉才女蔡文姬，从小就有过人的音乐天赋，能分辨出琴声的好坏；东晋的谢道韫（yùn）从小就喜欢诗文辞赋，能出口成诗。像她们这些女孩子，既聪明又敏捷，懂乐理，能诗文，长大后各有成就。男孩子更应该用她们来警醒自己，好好努力。

蔡文姬听琴辨音

于是，在父亲的精心培养下，蔡文姬投入到勤学苦练中，后来真的成了七弦琴高手。

谢道韫吟雪

谢道韫是东晋孝武帝时安西将军谢奕（yì）的女儿。她自小就受到良好的教养，再加上她聪明颖悟，小的时候就才华出众。

此后，人们称女子的文学才能为"咏絮之才"。

[原文] 唐刘晏，方七岁，举神童，作正字。
彼虽幼，身已仕，尔幼学，勉而致。
有为者，亦若是。

[译文] 唐朝的刘晏，七岁时就饱读诗书，被称为神童。他做了翰林院的正字官，负责校对典籍、勘正文字等工作。他虽然年纪幼小，却已经任职做官。你们从小开始学习，只要勤勉努力，也是可以做到的。历史上凡是有作为的人，全都是这样的。

刘晏正字

刘晏是唐代著名的大臣，他从小就很聪明，被人们称为小神童。据说，他曾经写了一篇《东封颂》，献给祭拜天地的唐玄宗。

于是唐玄宗让他担任正字官。

有一次，唐玄宗边和杨贵妃饮酒，边问一旁的刘晏。

原来，当时有些官员结成朋党，一起做坏事，刘晏正是利用这个词暗示唐玄宗。唐玄宗心里十分佩服。

刘晏后来当了唐朝的宰相。"安史之乱"时，他积极筹措资金，为最后击败叛军做出了巨大的贡献。刘晏一生做了四朝大臣，始终不改忧国忧民之志。

[原文] 犬守夜，鸡司晨，苟不学，曷（hé）为人？
蚕吐丝，蜂酿蜜，人不学，不如物。

[译文] 狗会在晚上守夜看门，公鸡会在早晨报晓，你们如果不用心学习，又怎么做人呢？蚕吐丝以供我们做衣料，蜜蜂可以酿制蜂蜜，供人们食用。如果人不肯努力学习本领，那真是连这些动物都不如了。

闻鸡起舞

西晋时期，当政者昏庸腐败。北方的匈奴乘机南下侵扰，企图夺取中原。

一些有志气的将领纷纷起来抵御匈奴南侵。祖逖（tì）和刘琨就是其中的杰出代表。他们是好朋友，经常在一起读书，谈论国家大事。

匈奴人擅长骑马，要训练大量枪兵对付他们。

还要修很多栅栏防止他们偷袭。

我要报效国家，不能坐以待毙。

有一天，两人谈到很晚才睡觉。半夜，突然响起一阵鸡叫声。

刘琨你听听，这声音在催我们起床了。

祖逖叫醒刘琨，两个人披衣下床，摘下挂在墙上的剑和刀，来到院子里。在月光下，祖逖和刘琨一个挥舞大刀，一个手持长剑，认真地练起来。

从此，不论春夏秋冬，只要鸡一叫，他们就起床操练。由于坚持不懈地勤学苦练，祖逖和刘琨武艺越来越强。后来，他们都成为有名的北伐将领。

[原文] 幼而学，壮而行，上致君，下泽民。
　　　扬名声，显父母，光于前，裕于后。

[译文] 每个人小时候都应该努力学习，长大以后，应该实践所学到的知识。对上，可以报效国家，对下，可以造福人民。这样不但可以显身扬名，而且也可以让父母觉得光荣、欣慰，给祖先增添光彩，也给后代树立好的榜样。

范仲淹划粥

范仲淹小的时候，由于家里很穷，上不起学，就一个人跑到一个僧舍中去读书。

他每晚煮一盆稀粥，等到第二天早晨凝固成块，然后划为四块，早晚各取两块。切几根野菜茎，加点盐凑合当菜吃。

比我家驴吃得都差。

爹，小范每天只吃两次稀粥充饥，真可怜。

让你娘做点饭菜，你送给他。

嗨，同学，我给你带来点好吃的，别吃你那粥块了。

谢谢，不用了！

你瞧不起我？这可是我妈亲手做的。

我并非不感激令堂的好意，只因我平时吃稀饭已成习惯，并不觉得苦。现在如果贪图这些佳肴，将来怎么能再吃苦呢？

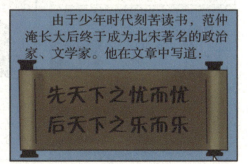

由于少年时代刻苦读书，范仲淹长大后终于成为北宋著名的政治家、文学家。他在文章中写道：

先天下之忧而忧
后天下之乐而乐

[原文] 人遗子,金满籯,我教子,唯一经。
勤有功,戏无益,戒之哉,宜勉力。

[译文] 有的人留给子孙的是满箱的财宝,而我留给子孙的只有一部《三字经》,希望他们能勤于读书学习,明白为人处世的道理。一个人只要肯勤奋刻苦地学习,就一定会有所成就。如果只是嬉戏游玩,不肯上进,那么他就不会有作为。好好记住这些劝告,努力上进吧!

留子勤劳不留财